A LA MÉMOIRE

DE

MARIE-HENRI-AUGUSTE

MASSON DE LA SAUZAYE

COLONEL DIRECTEUR DU GÉNIE A BORDEAUX

Décédé le 3 Novembre 1877

DISCOURS

PRONONCÉ A BORDEAUX

sur le cercueil du Colonel de la SAUZAYE

Par M. le Général de La BERGE, le 6 Novembre 1877.

Mon Général,[1] Messieurs,

Je remplis un douloureux devoir en venant au nom de ses camarades de l'armée, adresser un suprême adieu au colonel de la Sauzaye, qu'une mort aussi prompte qu'imprévue enlève à la tendresse de sa famille et à l'affection de ses amis.

Camarade d'école du colonel, lié à lui par une constante amitié, j'appréciais les qualités à la fois solides et brillantes de l'homme excellent que nous pleurons, je voudrais exprimer les sentiments de vive affection de ceux qui l'ont aimé, c'est-à-dire, de tous ceux qui l'ont connu.

Né le 15 juillet 1819 à Saintes, d'une des familles les plus anciennes et les plus distinguées du pays, Henry Masson de la Sauzaye fut admis en 1839 à l'Ecole Polytechnique, et sortit en 1843 de l'Ecole d'application de Metz, pour entrer comme lieutenant au 3me régiment du génie. En 1846, le capitaine la Sauzaye fut chargé du service à l'Ile de la Réunion; rentré en France en 1848 il fut employé à Paris, puis nommé aide-de-camp du général Sallenave. Il quitta ce poste de confiance pour prendre en 1856 le commandement d'une compagnie au 3me régiment de l'arme. Chevalier de la Légion-d'Honneur le 8 août 1858, il commandait en 1859 la réserve du Génie du 2me corps de l'armée d'Italie, et prit part aux combats de Melegnano et de Turbigo, aux batailles de Magenta et de Solférino.

(1) Général de Rochebouët, commandant le 18e corps d'armée.

Après la campagne, le capitaine de la Sauzaye fut employé comme chef du génie à Vendôme, puis à Mascara.

Chef de bataillon le 13 août 1863, il remplit ces fonctions à Rochefort et ensuite à La Rochelle où il est nommé officier de la Légion-d'Honneur le 13 mars 1869. Au début de la guerre de 1870, il est appelé à Mézières, prend part au combat de Charleville.

Lieutenant-colonel le 4 novembre 1870, il commande une colonne dans l'Aisne; chef d'état-major du génie à l'armée du Nord il prend part au combat de Vermond, à la bataille de Saint-Quentin, et reçoit en dernier lieu le commandement du génie du 23me corps à cette armée. A la paix, il revient à La Rochelle, est nommé Directeur du génie à Bordeaux le 17 janvier 1874, et il reçoit le grade de colonel le 15 mai suivant.

Telle fut la carrière du colonel de la Sauzaye ; au mérite qui inspire le dévouement et la confiance, s'alliaient en lui la bonté qui attire et la fermeté qui commande l'obéissance.

Ces excellentes qualités lui avaient valu l'estime et l'affection de ses chefs. Nul de ceux qui l'ont connu ne perdra le souvenir de sa nature sympathique, de la bonne grâce de ses manières, de sa conversation spirituelle.

Il était heureux quand il pouvait rendre un service.

Sa vie a été celle d'un homme de bien; il l'a remplie et terminée sous le regard de Dieu avec la préoccupation constante de l'accomplissement de tous les devoirs. Puisse l'expression de nos regrets et de notre profonde sympathie apporter quelque adoucissement à la douleur de sa fille et à celle des autres membres de sa famille.

Adieu la Sauzaye, adieu notre ami et au revoir.

DISCOURS

prononcé a Saintes

Sur la tombe du Colonel de la SAUZAYE

Par M. SEGRETAIN, Commandant du Génie

à Bordeaux.

Messieurs,

Hier, une voix plus autorisée que la mienne, celle d'un chef, d'un camarade et d'un ami, adressait devant la garnison de Bordeaux ses derniers adieux au colonel de la Sauzaye. Aujourd'hui, c'est à ses compatriotes que je dois retracer à mon tour les principales phases d'une carrière que vous connaissez tous, qui s'est en partie écoulée au milieu de vous. Appelé par ma position à ce triste honneur, je vous prie de suppléer par vos souvenirs à mon insuffisance.

Marie-Henri-Auguste de la Sauzaye naquit dans cette ville le 16 juillet 1819, d'une des familles les plus estimées et les plus considérables du pays. Il entra à l'Ecole polytechnique le 1er octobre 1839. Il en sortit au bout de 15 mois pour passer à l'Ecole d'application de Metz, et 2 ans plus tard, dans les premiers mois de 1843, il était nommé sous-lieutenant au 3e régiment du génie à Montpellier. Il y passa lieutenant le 1er octobre 1843. C'est avec ce grade qu'il partit pour les colonies, pour l'île de la Réunion, où il devint capitaine le 3 décembre 1849. On le détacha dans notre récente colonie de Mayotte, sur les côtes de Madagascar, où il construisit des établissements importants, mais dont le climat malsain altéra gravement sa santé.

Sa mission de deux années accomplie, il revint avec joie en France où il ne tarda pas à contracter cette union qui fit le charme et le bonheur de sa vie, hélas ! et aussi la cause constante de ses préoccupations et sa grande douleur. Désigné, à son retour des colonies, pour servir à la place de Paris, il fixa bien vite sur lui l'attention de ses chefs. Le colonel de Sallenave, alors directeur des fortifications de la capitale, ayant été nommé général, s'empressa de se l'attacher comme aide-de-camp. Le capitaine de la Sauzaye resta deux ans près de cet officier général distingué qui le traita toujours comme l'ami le plus cher. On était alors aux premières années du second empire, et l'on préludait déjà aux brillantes tranformations opérées depuis lors dans Paris. Le service du génie était appelé à y concourir et répondit à cet appel en commençant la série des grands établissements militaires que vous connaissez. Le général de Sallenave présidait à cette réorganisation et le capitaine de la Sauzaye y concourut dans la mesure que lui faisaient l'affection et la confiance complète de son chef.

Celui-ci ayant dû passer, par suite de la limite d'âge, au cadre de réserve, son aide-de-camp fut chargé, en 1856, comme chef du génie à Saint-Germain, de procéder à l'agrandissement du casernement de cette ville. Il conserva cette position pendant 2 ans et fut envoyé en 1854 au 2ᵉ régiment du génie. Il y passa 4 années d'abord à Metz, puis à Montpellier. C'est là qu'il fut nommé chevalier de la Légion-d'Honneur, en 1858, là aussi qu'il se trouvait lorsqu'éclata la guerre d'Italie de 1859. Comme commandant la compagnie de réserve du génie du 2ᵉ corps d'armée, il prit part aux combats de Turbigo et de Melegnano, aux batailles de Magenta et de Solférino.

Permettez-moi, messieurs, d'invoquer ici un souvenir personnel :

Je rencontrai dans cette campagne pour la première fois

celui que nous regrettons tous. Mon emploi me donnait forcément avec lui des rapports de tous les instants ; c'est vous dire l'affection que je lui ai vouée depuis lors. Quelle gaieté ! quel entrain ! quelle sollicitude pour ses hommes ! quelle facilité de rapports ! quelle sûreté de commerce ! quel empressement à faire valoir les titres de ses inférieurs ! Combien cette course armée, cette fête guerrière se peint vivement à mon esprit, et quel retour amer il faut faire vers nos sombres époques et cette froide dépouille.

Au retour de la guerre d'Italie, le capitaine de la Sauzaye était encore relativement trop jeune pour qu'on pût lui donner le grade supérieur ; on voulait néanmoins lui témoigner sa satisfaction de sa conduite et ses chefs le désignèrent au gouvernement italien pour recevoir la médaille de la valeur militaire, cette médaille au ruban bleu que nous voyons sur son cercueil et qui ornait sa poitrine à côté de la médaille commémorative de la campagne de 1859.

A la fin de cette même année, il quitta le régiment par suite de sa nomination comme chef du génie à Vendôme, où il passa chef de bataillon en 1863 et où il resta jusqu'en 1864, époque à laquelle il fut envoyé en Algérie, à Mascara. Mais, dès le milieu de 1866, nous le voyons revenir en France et se rapprocher de son pays et de ses affections, il était nommé à Rochefort.

Depuis lors, messieurs, il s'attacha d'un lien plus étroit, s'il est possible, à son pays natal, à sa chère Saintonge. Il ne quitta Rochefort, en 1870, que pour aller prendre la position de chef du génie à La Rochelle. C'était une récompense ; il en avait déjà reçu une en 1869 par sa promotion au grade d'officier de la Légion-d'Honneur.

Mais la grande crise approchait. Dès les premiers coups on put juger du rôle qu'allaient jouer nos places de guerre. On eut besoin pour les défendre d'officiers de mérite, on appela à Mézières le commandant de la Sauzaye. Il y arriva peu avant le grand écroulement de Sedan, et il déploya dans la mise en état de cette place, alors si petite et si mauvaise, de grandes qualités d'énergie et de savoir. Comprenant le danger d'une défense trop restreinte, il chercha à étendre le rayon d'action de la place : il relia Charleville à Mézières par des fortifications improvisées. Son activité reçut bientôt sa récompense par le grade de lieutenant-colonel. L'ennemi occupé ailleurs, laissa longtemps Mézières sans l'attaquer sérieusement : cependant le 17 novembre le lieutenant-colonel de la Sauzaye eut à diriger un véritable combat aux portes mêmes de Charleville et parvint à repousser les assaillants. Sa valeur était appréciée de tous et notre cher colonel conservait soigneusement parmi ses titres militaires un rare témoignage de cette confiance publique : sur l'enveloppe d'une lettre qui lui avait été envoyée à Mézières et qui, comme souvent dans ces temps troublés, ne lui parvint qu'à la paix, une main inconnue avait exprimé ses regrets qu'il n'ait pas coopéré à la période active de la défense de cette malheureuse ville. Certificat anonyme, aussi précieux à ses yeux que les lettres officielles les plus flatteuses.

Le colonel de la Sauzaye n'assista pas en effet à la terrible fin de Mézières ; une mission au dehors vint l'arracher à cette navrante agonie.

La confiance qu'on avait dans ses talents lui fit donner le 2 décembre le commandement d'une colonne expéditionnaire sur la gauche de l'armée du Nord, vers Laon et La Fère. Il conserva ce commandement jusqu'au 6 janvier 1871 et y fut nommé colonel au titre auxiliaire. Lors de la concentration des troupes du général Faidherbe, il fut appelé à remplir l'emploi de chef d'état-major du génie de cette armée, puis le 23 janvier celui de commandant du génie du 23ᵉ corps. C'est dans la première de ces positions qu'il assista le 17 et le 18 janvier aux combats de Vermond, puis, le lendemain, à la malheureuse bataille de Saint-Quentin.

Après la guerre il reprit à La Rochelle ses anciennes fonctions, qu'il quitta en 1874 pour occuper, avec le grade de colonel, celles de directeur du génie, d'abord dans cette ville, puis à Bordeaux.

Depuis lors, messieurs, il a contribué, dans notre région, à cette œuvre considérable de la réorganisation du casernement qui se lie intimement à la réorganisation même de l'armée. Il a aussi pris part au grand travail de l'amélioration de nos défenses maritimes, études auxquelles sa longue expérience et sa connaissance des choses de la marine le rendaient particulièrement propre.

C'est au milieu de ces soins que la mort nous l'a pris, terminant une maladie dont ceux qui l'entouraient ne pouvaient malheureusement pas se dissimuler la gravité, mais dont ils étaient loin d'entrevoir le brusque dénouement. Elle nous l'a pris bien avant l'âge et tout entier, notre pauvre colonel, avec sa charmante intelligence, sa vigueur de jeune homme, son esprit riant et ouvert, son affabilité de tous les instants, sa loyauté parfaite, sa bienveillance accessible à tous. Tant de qualités chevaleresque laisseront le colonel de la Sauzaye toujours vivant dans la mémoire de ses compagnons d'armes.

La vôtre, messieurs, celle de sa famille désolée y ajouteront des vertus plus hautes et plus intimes. Vous savez sa tendresse pour ses proches, la profondeur de ses croyances, et tous nous espérons qu'avec la grâce de Dieu il jouit aujourd'hui de la récompense éternelle promise aux serviteurs dévoués de leur pays et aux bons citoyens.

Bordeaux. — Imp. Boussin, rue Gouvion, 20.

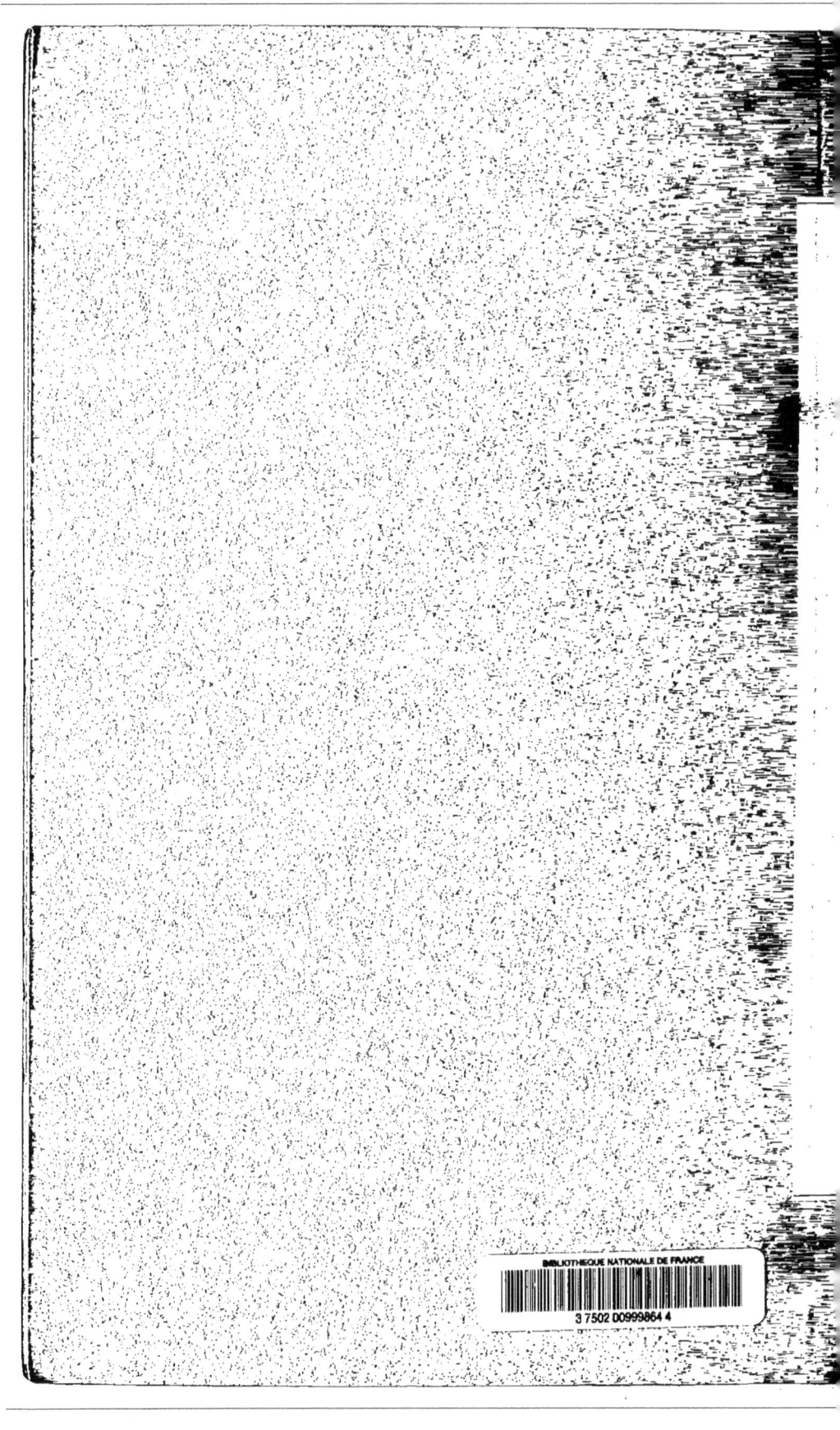

www.ingramcontent.com/pod-product-compliance
Lightning Source LLC
Chambersburg PA
CBHW071439060426
42450CB00009BA/2245